うれしい ジュ〜ジュ〜 デビュー！

フライパンで作る はじめてのごはん

著 ● 寺西 恵里子
Eriko Teranishi

日東書院

ひとりでできる! For Kids!!

フライパンで作る はじめての ごはん

うれしい ジュ〜ジュ〜 デビュー!

- P.4 はじめに
- P.5 作りはじめる前に

フライパンで焼く

- P.12 ふんわりオムレツ
- P.14 マカロニグラタン
- P.16 チーズたっぷりピザ
- P.18 フライパン餃子
- P.20 中身いろいろ肉巻き

フライパンで炒める

- P.24 えびのマヨ炒め
- P.26 ひき肉のレタス包み
- P.28 鶏肉のレモン炒め
- P.30 黄金チャーハン

フライパンで蒸す

- P.34 菜の花シューマイ
- P.36 フライパンアクアパッツァ
- P.38 豚肉キャベツの重ね蒸し
- P.40 蒸し焼き鳥

フライパンで煮る

- P.44 フライパンパエリア
- P.46 トマトパスタ
- P.48 豚こまカレー
- P.50 豚の角煮

フライパンでおやつ

- P.54 パイナップルケーキ
- P.56 蒸しプリン
- P.58 アップルパン
- P.60 チョコクリスピー
- P.62 ジップロッククッキー

はじめに

焼いたり、蒸したり、煮たり…
いろいろな料理に
手軽にチャレンジできるのが
フライパン料理です。

1つ1つ書いてあるとおりに
作るだけでおいしい料理が作れます。

作るのも楽しいのですが
自分で作ったものを食べるのは
最高な気分です。

材料を替えたり、
アレンジしたりも料理はカンタンです。
ぜひ、いろいろ作ってみてください。

そして、みんなで楽しく食べてくださいね！

作りはじめる前に

大人の人といっしょに作りましょう！

フライパン料理はフライパンが熱くなります。
包丁も使うので、必ず大人の人といっしょにやりましょう！

★1 作る前に作り方を読んでおきましょう！

全体がわかっていた方が、スムーズに作れます。

★2 材料、用具はそろえてからはじめましょう！

途中で取りにいっている間に、状態が変化することもあるので、必ずそろえましょう。

★3 手を洗ってからはじめましょう！

作りはじめる前に、必ず手を洗いましょう。

★4 計量はきちんと正確にしましょう！

正確でないと味が違ってきます。計量もはじめにすませておきます。

★5 後かたづけはしっかりしましょう！

最後まできちっと終わらせるのが、料理作りのルールです。

下準備がキチンとできねと安心だね！

For Kids!! 5

フライパンの使い方

フライパンにはいろいろなタイプがありますが
焦げつきにくいタイプで、あまり重たくないものが
はじめてのフライパンにはよいでしょう。

ふたつきが便利です。
ふたがあると蒸し料理もできます。

深めのものが便利です。
飛び出しにくく、煮込むこともできます。

大きさは……　この本では直径24cmを中心に使っています。

★ フライパンでできるいろいろな料理 ★

どんな料理もフライパンで作れます。いろいろチャレンジしてみましょう！

焼く　炒める　蒸す　煮る　おやつ

切り方いろいろ

同じ食材でも、料理によっていろいろな切り方をします。
切り方のいろいろを覚えましょう！

輪切り
丸い棒状のものを端から直角に一定の幅で切ります。

斜め切り
丸い棒状のものを端から斜めに一定の幅で切ります。

くし形切り

玉ねぎやトマトなど丸い野菜を縦半分にし、中央から等分にくしの形に切ります。

細切り

長さ4〜5cm、幅0.5〜0.8cmくらいに細長く切ります。

角切り
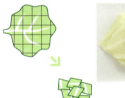
2〜3cmの正方形に切ります。

乱切り
材料を回しながら不規則な形に切ります。大きさをそろえることがポイントです。

せん切り

細切りよりもさらに細く切ります。

小口切り

ねぎなど丸くて細長いものを、端から一定の幅で切ります。

みじん切り

材料を細かく刻む切り方です。

小房に分ける

ブロッコリーや、きのこを大きなかたまりから、小さな房に分けます。

切り方で味が違ったりします。おもしろいね！

用具いろいろ

作るためにはいろいろな用具が必要です。
代用できるものがあれば、それでもかまいません。

ボウル

包丁、ピーラー、まな板

キッチンばさみ

量る用具

すくう、つかむ、混ぜる用具

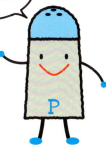

用具の名前も覚えましょう！

ざる

フライ返し

へら

麺棒

アルミホイル
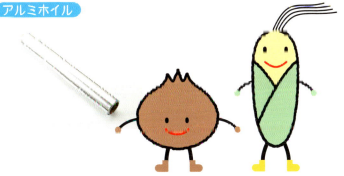

For Kids!! 9

フライパンで焼く

フライパンで焼くだけでできて
楽しく作れる料理です。
ここから、作ってみましょう！

P.12 ふんわりオムレツ

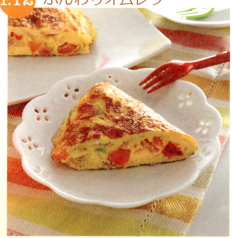

P.14 マカロニグラタン

フライパンごと
テーブルに出しても
いいですね！

P.18 フライパン餃子

P.16 チーズたっぷりピザ

フライパン料理は焼き色がポイント！
おいしそうな焼き色をつけて！

焼き料理はできたてがおいしいです！

P.20 中身いろいろ肉巻き

For Kids!! 11

ふんわりオムレツ

卵とベーコンの組み合わせが最高！
固まる前によく混ぜるとふんわりした仕上がりに。
このままでもいいし、ケチャップをつけても。

中の野菜を替えてもいいですね。

🔍 さあ、作りましょう！

材料

4人分

卵	3個
塩・コショウ	少々
パプリカ（赤・オレンジ）	各1/6個
オリーブ油	大さじ1
ピーマン	3/4個
玉ねぎ	1/6個
ベーコン	2枚

用具

- フライパン（直径24cm）
- ふた
- 計量スプーン
- ボウル（中）
- 包丁
- まな板
- 菜箸
- フライ返し

作り方

1

パプリカ、ピーマン、ベーコンは1cm角に切り、玉ねぎはみじん切りにします。

2

ボウルに卵を入れ、溶きほぐします。

3

❷に❶、塩・コショウを入れて混ぜます。

4

フライパンにオリーブ油を温め、❸を流し入れます。

5

菜箸でかき混ぜながら、強火で約1分温めます。

6

ふたをして弱火で約3分焼きます。

7

卵が固まったら、フライ返しで半分に折ります。

8

返して、約1分焼きます。

9 できあがり！

マカロニグラタン

フライパン1つでできるのがいいですね！
カリッと焼いたパン粉がポイント。
中の野菜はお好みで。

熱々を食べましょう！

🔍 さあ、作りましょう！

材料

1人分

鶏むね肉	100g	コンソメ顆粒	適量
玉ねぎ	1/2個	マカロニ	150g
ブロッコリー	1/3房	パン粉	大さじ3
バター	大さじ2	粉チーズ	小さじ2
薄力粉	大さじ3	パセリ	少々
牛乳	600ml	プチトマト	4個

用具

- フライパン（直径24cm）
- ふた
- 計量カップ
- 計量スプーン
- 包丁　まな板　菜箸
- フライ返し　へら

作り方

1. 鶏肉は2cm角、玉ねぎは薄く切り、ブロッコリーは小房に分け、プチトマトは半分に切ります。

2. フライパンにパン粉を入れ、中火から弱火でパン粉がきつね色になるまで炒め、取り出します。

3. フライパンにバターを入れて温め、鶏肉を炒め、玉ねぎを入れて炒めます。

4. 薄力粉を入れて炒めます。

5. 牛乳を少しずつ入れて混ぜます。

6. マカロニ、コンソメを入れて混ぜ、ふたをし、最初は中火で、温まったら弱火で約8分煮ます。

7. ブロッコリーを入れ、ふたをし、約3分煮ます。

8. 火をとめ、❷をのせます。

できあがり！

9. 粉チーズ、みじん切りにしたパセリ、プチトマトをのせます。

For Kids!! 15

チーズたっぷりピザ

ピザ生地から作りましょう！
しっかりこねて、しっかりのばします。
ピザのトッピングは自由に楽しみましょう！

チーズ多めが
おいしいですね。

さあ、作りましょう！

材料

[生地]
ピザ用粉	200g
水	100ml
サラダ油	大さじ1
ピザソース	大さじ5
溶けるチーズ	100g

[トッピング]
玉ねぎ	1/2個
ピーマン	1個
ベーコン	1枚
ウインナー	2本
サラミ	1/4本
ゆで卵	1個
プチトマト	3個
マッシュルーム（缶）	1/3缶
コーン（缶）	1/4缶
バジル	少々

用具
- フライパン（直径26cm）
- ふた
- はかり
- 計量カップ
- 計量スプーン
- 包丁
- まな板
- ボウル（大）
- へら
- スプーン

作り方

1
玉ねぎは薄く切り、ベーコンは1.5cm幅に切り、ピーマン、ウインナー、サラミ、ゆで卵、プチトマトは輪切りにします。

2
ボウルにピザ用粉を入れ、水を少しずつ入れ、へらで混ぜます。

3
ひとまとまりになったら、サラダ油を入れ、手でこねます。

4
❸を丸め、フライパンに入れ、ふたをして約5分置きます。

5
包丁で2等分にし、丸めます。

6
手でフライパンの大きさに合わせて薄くのばし、フライパンにのせます。

7
ピザソースを塗り、バジル以外のトッピングの材料、溶けるチーズをのせます。

8
できあがり！
ふたをし、弱火でチーズが溶けるまで焼きます。バジルをのせます。

フライパン餃子

フライパンに丸く餃子を敷き詰めて
いっぺんに焼きます。
焼き色をチェックしながら焼くのがポイント！

🔍 さあ、作りましょう！

材料

4人分

豚ひき肉	100g	塩・コショウ	少々
キャベツ	1/4個	ごま油	小さじ1
にら	1/2束	餃子の皮	30枚
長ねぎ	1/2本	水	100ml
しょうがすりおろし	小さじ1	サラダ油	小さじ2
しょうゆ	大さじ1/2		

用具

フライパン(直径26cm)　ふた　はかり　計量カップ　計量スプーン　ボウル(大)　包丁　まな板　スプーン

作り方

1
キャベツはあらいみじん切りにし、にらは小口切りにし、長ねぎはみじん切りにします。

2
ボウルにキャベツを入れ、塩少々(分量外)をふって手で混ぜ、しんなりさせます。

3
②に豚肉、にら、長ねぎ、しょうがすりおろし、しょうゆ、ごま油、塩・コショウを入れます。

4
手で粘りが出るまでよく混ぜます。

5
餃子の皮の真ん中に④をのせ、皮のまわりに水(分量外)を塗ります。

6
手前から半分に折り、手前側の皮にひだを寄せて包みます。

7
フライパンにサラダ油を入れて温め、⑥を並べます。

8
強火で約2分焼き、底面に焼き色がついたら、水を入れてふたをし、弱火で7〜8分焼きます。

9
水がなくなったら、中火にして約1分焼きます。

できあがり！

For Kids!! 19

中身いろいろ肉巻き

アスパラやパプリカ‥‥
好きなものを巻いて焼くのがいいですね。
オクラは切り口が星になるのがかわいい！

たれをしっかりからめて焼きましょう。

🔍 さあ、作りましょう！

材料

4人分

豚薄切り肉	300g	にんじん	1/4本
パプリカ（赤・黄・オレンジ）	各1/6個	グリーンアスパラ	4本
		塩・コショウ	少々
ピーマン	1/2個	しょうゆ、みりん	各大さじ2
オクラ	4本	サラダ油	小さじ2

用具

フライパン（直径26cm）
はかり
計量スプーン
包丁　まな板　菜箸

作り方

1

パプリカ、ピーマンは種、へたを取り、1cm幅に切り、オクラはへた、下の部分を切り、アスパラは7cm長さに切り、にんじんは1cm角に切ってから7cm長さに切ります。

2

豚肉にアスパラ、にんじんをのせ、少し斜めにして巻いていきます。

3

ピーマン、パプリカ、オクラも同じように巻きます。

4

塩・コショウします。

5

フライパンにサラダ油を温め、❹の巻き終わりを下にして入れ、中火でまわりに焼き色がつくまで焼きます。

6

弱火にし、菜箸で転がしながら焼きます。

7

しょうゆ、みりんを入れます。

8

からめるようにし、水分がなくなってきたら、できあがり。

フライパンで炒める

フライパンで炒める！にもチャレンジしましょう。
火加減と混ぜるのがポイント！
調味料は全部用意してからはじめましょう。

P.24 えびのマヨ炒め

P.26 ひき肉のレタス包み

マヨネーズ炒めは
何を炒めても
おいしくできるので、
えびからチャレンジ！

P.28 鶏肉のレモン炒め

あったかいうちに食べるのがオススメです。

P.30 黄金チャーハン

ごはんがパラパラになる作り方です。

えびマヨ炒め

えびとマヨネーズだけでできるので、カンタン！
ちょっと焦げ目がつくくらいがおいしいです。
ごはんがすすむおかずです。

さあ、作りましょう！

材料

4人分

えび	12尾	サラダ油	大さじ1
片栗粉	少々	レタス	適量
マヨネーズ	大さじ3	プチトマト	4個
塩・コショウ	少々		

用具

フライパン(直径26cm)
計量スプーン　包丁
まな板　菜箸　へら
つまようじ

作り方

1
レタスはせん切りにし、プチトマトは半分に切ります。

2
えびは殻をむき、つまようじで背わたを取ります。

3
塩・コショウし、片栗粉をまぶします。

4
フライパンにサラダ油を入れて温め、❸を入れ、中火で炒めます。

5
えびの色が変わってきたら、マヨネーズを入れます。

6
マヨネーズと炒め合わせます。

7
せん切りにしたレタスの上にのせ、プチトマトを添えます。

できあがり！

付け合わせは彩りを考えて！

ひき肉のレタス包み

ひき肉と野菜を炒めたら、調味料で味つけするだけ！
ひき肉に大きな固まりができないように
ヘラで潰したり、切ったりして炒めるのがポイント！

レタスにしっかり包んで食べましょう！

🔍 さあ、作りましょう！

材料

4人分

豚ひき肉	200g
ピーマン	1/2個
パプリカ(赤)	1/6個
ゆでたけのこ(2つ割り)	1/4個
春雨	20g
レタス	1玉

[調味料類]

しょうゆ	大さじ1
オイスターソース	大さじ1
ガラスープの素	小さじ1/2
塩・コショウ	少々
水	50ml
水溶き片栗粉	大さじ1
ごま油	大さじ1

用具

- フライパン(直径26cm)
- はかり
- 計量カップ
- 計量スプーン
- 包丁・まな板
- へら

作り方

1 ピーマン、パプリカは種、へたを取って1cm角に切り、ゆでたけのこも1cm角に切ります。

2 春雨はお湯につけて戻し、水気をきり、食べやすい長さに切ります。

3 フライパンにごま油を入れて温め、豚肉を炒めます。

4 ❶を入れ、炒めます。

5 ❷を入れ、炒めます。

6 調味料類を入れ、炒め合わせます。

7 水溶き片栗粉を入れます。

8 炒め合わせ、とろみをつけます。

できあがり！

9 レタスは芯を取り、1枚ずつはがして添えます。

鶏肉のレモン炒め

レモンの酸味がおいしいだけでなく
見た目もきれいなレモン炒めです。
アスパラと赤いパプリカで彩りもよくします。

パプリカを
大きめに切るのも
ポイント！

🔍 さあ、作りましょう！

材料

3人分

鶏もも肉	300g
グリーンアスパラ	4本
パプリカ(赤)	1/6個
レモン	1/2個
塩・コショウ	少々
バター	大さじ2

用具

- フライパン(直径26cm)
- はかり
- 計量スプーン
- 包丁
- まな板
- 菜箸

作り方

1 鶏肉は食べやすい大きさのそぎ切りにします。

2 アスパラは斜め切りにし、パプリカは乱切りにし、レモンは輪切りにします。

3 フライパンにバターを入れて温めます。

4 ❶を入れ、中火で炒めます。

5 鶏肉に焼き色がついてきたら、コショウします。

6 アスパラを入れます。

7 パプリカを入れます。

8 塩を入れ、味つけします。

9 レモンを入れ、炒め合わせて、できあがり。

黄金チャーハン

ごはんに卵をからめてから焼くので
ごはんがパラパラに！
具は好きなものを入れてもいいですね。

小さいお子さんは
1人前から作っても
いいでしょう。

🔍 さあ、作りましょう！

材料

2人分

冷やごはん	お茶碗3杯分	ガラスープの素	小さじ1
卵	1個	塩・コショウ	少々
焼き豚	3枚	しょうゆ	小さじ1
長ねぎ	1/4本	サラダ油、ごま油	各大さじ1/2

用具

フライパン(直径26cm)
計量スプーン
ボウル(大) 包丁
まな板 菜箸 へら

作り方

1

焼き豚は1cm角に切り、長ねぎは縦半分に切ってから小口切りにします。

2

ボウルに卵を入れ、割りほぐします。

3

冷やごはんを入れ、へらで混ぜ合わせます。

4

フライパンにサラダ油、ごま油を温め、❸を入れ、へらで中火で炒めます。

5

❶を入れて炒めます。

6

パラパラになるまで炒めます。

7

ガラスープの素、塩・コショウを入れます。

8

しょうゆをフライパンのまわりから入れ、炒め合わせます。

9

できあがり！

フライパンで蒸す

フライパンはふたをすれば蒸すこともできます。
蒸すことを覚えると、
料理のレパートリーも広がってきますね。

料理は見た目も大事！
きれいに作りましょう。

P.34 菜の花シューマイ

P.36 フライパンアクアパッツァ

P.38 豚肉キャベツの重ね蒸し

蒸し料理はしっかり火が通るのがいいですね。

P.40 蒸し焼き鳥

ソースも工夫してみましょう！

菜の花シューマイ

コーンをしっかりつけるのがポイント！
ちょっと埋め込むといいでしょう。
パーティーにぴったりな一品です。

さあ、作りましょう！

材料

3人分
豚ひき肉	150g
長ねぎ	1/3本
コーン(缶)	大さじ6
キャベツ	3～4枚

[調味料類]
ガラスープの素	小さじ1/2
塩・コショウ	少々
水	大さじ2
片栗粉	大さじ2

用具

- フライパン(直径26cm)
- ふた　はかり
- 計量カップ
- 計量スプーン
- 包丁　まな板
- ボウル(中)

作り方

1
長ねぎはみじん切りにします。

2
ボウルに豚肉、❶を入れ、手で混ぜます。

3
調味料類を入れ、よく混ぜます。

4
小さめの大きさに丸めます。

5
片栗粉大さじ3（分量外）をまぶします。

6
フライパンに水50ml（分量外）を入れ、キャベツを並べます。

7
❹のまわりにコーンをつけて並べます。

8
ふたをして、中火で温め、温まったら弱火にして約10分蒸します。

9
できあがり！

フライパンアクアパッツァ

あさりとお魚があれば、フライパンでカンタンにできます。
彩りよく野菜を入れて作ったら
レモンをしぼって食べましょう。

お魚はたらでも
いいですね。

🔍 さあ、作りましょう！

材料

2人分

生ざけ	2切れ	プチトマト	4個
塩・コショウ	少々	レモン(輪切り)	2枚
あさり(砂ぬき)	100g	水	大さじ2
パプリカ(黄・オレンジ)	各1/8個	オリーブ油	大さじ2
グリーンアスパラ	2本	パセリ	少々

用具

フライパン(直径24cm)
ふた　はかり
計量スプーン
包丁　まな板

作り方

1 パプリカは1cm幅に、アスパラは斜めに切り、プチトマトはへたを取り、パセリはみじん切りにします。

2 さけは塩・コショウします。

3 フライパンにレモンを並べます。

4 レモンの上にさけを並べます。

5 あさり、パプリカ、アスパラ、プチトマトをのせます。

6 水、オリーブ油をかけます。

7 ふたをして、中火で温めます。

8 あさりの口が開いたら、弱火にし、約3分蒸します。

9 パセリをのせて、できあがり。

For Kids!! 37

豚肉キャベツの重ね蒸し

キャベツを広げて、お肉を広げて…
きれいに重ねていきます。
ふっくら蒸せたら、切り分けて食べましょう！

ポン酢

ごまだれ

お好みの
ソースで！

🔍 さあ、作りましょう！

材料

4人分
- 豚しゃぶしゃぶ用肉　300g
- キャベツ　1/2個
- にんじん　1本
- 水　50㎖

用具
- フライパン(直径24cm)
- ふた　はかり
- 計量カップ
- 包丁　まな板

作り方

1 キャベツは1枚ずつはずし、にんじんは皮をむき、1/4に切ってから薄く切り、豚肉は半分に切ります。

2 フライパンにキャベツを並べ、その上ににんじんを並べます。

3 2の上に豚肉を並べます。

4 キャベツ、にんじん、豚肉の順に重ねます。

5 繰り返して重ね、最後にキャベツをのせます。

6 水をまわしかけます。

7 ふたをして、中火で蒸します。

8 沸騰したら、弱火にして約10分蒸します。

できあがり！

9 お皿に取り出します。

蒸し焼き鳥

大好きな焼き鳥も蒸すだけでできます。
串に刺して、焼き色をつけたら蒸しましょう。
やわらかな焼き鳥が食べられます。

マヨ＋αのソースで！

🔍 さあ、作りましょう！

材料

4人分	
鶏もも肉	300g
パプリカ（赤・黄・オレンジ）	各1/6個
玉ねぎ	1/2個
グリーンアスパラ	2本
塩	少々
水	50ml

用具

フライパン（直径26cm）
ふた　はかり
計量カップ
計量スプーン
包丁　まな板
菜箸　竹串

作り方

1

鶏肉、パプリカは2.5cm角に切り、アスパラは3cm長さに切り、玉ねぎはくし形切りにします。

2

鶏肉、野菜を交互に竹串にさします。

3

塩をします。

4

フライパンに並べ、中火で温めます。

5

焼き色がついたら、裏返します。

6

水を入れます。

7

ふたをして、中火で温め、温まったら弱火にして約5分、蒸し焼きにします。

8 できあがり！

9 マヨネーズソースバリエーション

ケチャップ　カレー　しょうゆ

マヨネーズソースは、マヨネーズ大さじ2にそれぞれの調味料を小さじ1/2入れます。

フライパンで煮る

ちょっと深めのフライパンなら煮るのもカンタンです！
カレーはもちろん、パスタまで作れます。
コトコト煮る料理も作ってみましょう。

P.44 フライパンパエリア

カンタンに
できて、豪華！
ちょっとした
パーティーにも！

P.46 トマトパスタ

P.48 豚こまカレー

豚こまぎれ肉を
お団子にした
カレーです。

煮る料理は意外とカンタンです！

P.50 豚の角煮

フライパンパエリア

フライパンの中でお米を炒めて
そのままパエリアにします。
サフランの代わりにターメリックで作ります。

有頭えびが豪華です！

44 For Kids!!

🔍 さあ、作りましょう！

材料

4人分		いか(胴)	1/2杯分
米	2カップ	ぬるま湯	400ml
玉ねぎ	1/4個	コンソメ顆粒	大さじ1
ピーマン	1個	ターメリック	小さじ2
赤ピーマン	1/2個	塩・コショウ	少々
鶏もも肉	100g	オリーブ油	大さじ3
あさり(砂ぬき)	150g	パセリ	少々
有頭えび	4尾	レモン	1/2個

用具

フライパン(直径26cm)
ふた　はかり
計量カップ
計量スプーン
包丁　まな板
ボウル(中)　へら
菜箸

作り方

 1

玉ねぎはみじん切り、ピーマン、赤ピーマンは輪切り、いかは1cm厚さの輪切り、レモンはくし形切り、パセリはみじん切りにします。鶏肉は2cm角に切り、塩・コショウします。

 **2**

フライパンにオリーブ油を温め、鶏肉、玉ねぎを入れ、中火で炒めます。

 **3**

米を入れて炒めます。

 **4**

ボウルにぬるま湯、コンソメ、ターメリック、塩・コショウを入れて混ぜたスープを入れます。

 **5**

あさり、いか、えびをのせます。

 **6**

ふたをして、中火で温め、温まったら弱火にして約20分炊きます。

 **7**

炊きあがったら、ピーマン、赤ピーマンをのせ、ふたをして、約10分蒸らします。

 **8** できあがり！

パセリをのせ、くし形切りにしたレモンを添えます。

For Kids!! 45

トマトパスタ

トマトジュースで作るパスタです。
パスタは半分に折って、そのままフライパンに！
くっつかないように、しっかり混ぜましょう。

🔍 さあ、作りましょう！

材料

2人分

スパゲティ	100g	トマトジュース	150ml
玉ねぎ	1/4個	コンソメ顆粒	大さじ1
パプリカ		塩・コショウ	少々
（赤・黄・オレンジ）	各1/6個	オリーブ油	大さじ2
ズッキーニ	1/2本	バジル	少々
ベーコン（かたまり）	100g		

用具

フライパン（直径26cm）
はかり
計量カップ
計量スプーン
包丁　まな板
へら　菜箸

作り方

1
玉ねぎは5mm、パプリカ、ベーコンは1cm幅に切り、ズッキーニは1cm厚さの輪切りにします。

2
スパゲティは半分に折ります。

3
フライパンにオリーブ油を入れて温め、❶を入れ、中火で炒めます。

4
トマトジュースを入れます。

5
コンソメ、塩・コショウを入れ、中火で温めます。

6
沸騰したら、❷を入れます。

7
中火で混ぜながら温めます。

8
スパゲティに火が通るまで、約8〜9分ゆでます。

9
バジルをのせます。

できあがり！

豚こまカレー

豚肉をお団子にして作るカレーです。
いつもと違った食感が楽しめます。
辛さやルーはお好みで！

じゃがいも
たっぷり
カレーです。

🔍 さあ、作りましょう！

材料

4人分			
豚ひき肉	250g	水	550ml
塩・コショウ	少々	カレールー	80g
薄力粉	大さじ3	サラダ油	大さじ1
玉ねぎ	1個	[トッピング]	
にんじん	2/3本	コーン(缶)、ゆで卵、	
じゃがいも	2個	チーズ	各適量

用具

フライパン(直径24cm)　ふた　はかり　計量カップ　計量スプーン　包丁　まな板　菜箸　へら

作り方

1 玉ねぎは薄く切り、にんじんは皮をむき、乱切り、じゃがいもは皮をむき、8等分に切り、水にさらします。

2 トッピングのゆで卵は輪切り、チーズは7mm角に切ります。

3 豚肉は手で丸めます。

4 塩・コショウし、薄力粉をまぶします。

5 フライパンにサラダ油を入れて温め、中火で❹を炒めます。

6 ❶を入れて炒め、水を入れます。

7 ふたをして、弱火で豚肉、野菜が煮えるまで約10分煮ます。

8 火をとめ、カレールーを入れて溶かします。

できあがり！

9 弱火でとろみがつくまで煮ます。

豚の角煮

人気の角煮がフライパンでカンタンに作れます。
弱火でコトコト煮ます。
玉ねぎがいいソースに仕上がります。

なんども
ひっくり返すのが
ポイント！

さあ、作りましょう！

材料

1人分
- 豚バラ肉（かたまり） 400g
- 玉ねぎ 1/2個
- ゆで卵 2個
- スナップえんどう 7個
- しょうゆ 50mℓ
- みりん 50mℓ
- 水 150mℓ

用具
- フライパン（直径24cm）
- ふた　はかり
- 計量カップ
- 包丁　まな板　菜箸

作り方

1. 豚肉は半分に切ります。

2. 玉ねぎはみじん切りにし、スナップえんどうは筋を取ります。

3. フライパンにしょうゆ、みりん、水を入れます。

4. 玉ねぎを入れ、中火で温めます。

5. 沸騰したら、豚肉、ゆで卵を入れます。

6. ふたをして、弱火で30～40分煮ます。

7. 途中で豚肉、ゆで卵を数回、返します。

8. 最後にスナップえんどうを入れて煮ます。

9. スナップえんどうが煮えたら、できあがり。

フライパンでおやつ

おやつもいろいろ作れます。
スイーツ好きなら、ここから作ってもいいですね。
お友達にもプレゼントしましょう！

P.54 パイナップルケーキ

焦げ目も大事！
確認しながら、
作りましょう！

P.56 蒸しプリン

P.58 アップルパン

お菓子は見た目が大事！　盛りつけまで気を抜かないで

P.60 チョコクリスピー

お友達が来てから、ささっと作れるお菓子です。

P.62 ジップロッククッキー

For Kids!! 53

パイナップルケーキ

フライパンにバターを溶かしたらお砂糖をふって
パイナップルを並べます。
おいしさの秘密はこのお砂糖にあります。

🔍 さあ、作りましょう！

材料

4人分

卵	2個	パイン(缶)	4枚
砂糖	30g	ドレンチェリー	7個
牛乳	30ml	砂糖	大さじ1/2
ホットケーキミックス	150g	ホイップクリーム	適量
無塩バター	50g	ミント	少々

用具

フライパン(直径21cm)
ふた　はかり
計量カップ
計量スプーン
包丁　まな板　へら
ボウル(中)　泡立て器

作り方

① パインは1枚はそのまま、残りは半分に切ります。

② フライパンを中火で温め、バターを溶かし、取り出します。

③ ②のフライパンに砂糖をふり入れます。

切り方も大事なポイントです！

④ パインを並べ、ドレンチェリーをのせます。

⑤ ボウルに卵、砂糖、牛乳を入れ、泡立て器で混ぜます。

⑥ ホットケーキミックスを入れて混ぜ、②を入れて混ぜます。

⑦ ④に真ん中から流し入れます。

⑧ ふたをして、弱火で約10分焼きます。

⑨ 器に返してのせます。

できあがり！

蒸しプリン

プリンの作り方はいろいろありますが
蒸しプリンは滑らかでおいしいですね。
冷たく冷やして食べましょう！

🔍 さあ、作りましょう！

材料

4人分

卵	2個
砂糖	大さじ3
牛乳	300ml
ホイップクリーム	適量
アラザン、カラースプレー	各少々

用具

- フライパン(直径26cm)
- ふた
- 計量カップ
- 計量スプーン
- ボウル(中)
- 泡立て器
- ざる
- 耐熱の器
- アルミホイル

作り方

1 ボウルに卵、砂糖を入れ、泡立て器で混ぜます。

2 牛乳を少しずつ入れて混ぜます。

3 計量カップにざるをのせ、こします。

4 ココット皿に流し入れます。

5 アルミホイルでふたをします。

6 フライパンに並べ、お湯(分量外)をココット皿の半分くらいまで流し入れます。

7 ふたをして、ごく弱火で約10分温めます。そのまま約10分蒸らします。

8 あら熱が取れたら、冷蔵庫で冷やします。

9 ホイップクリームを絞り、アラザン、カラースプレーをのせます。

できあがり！

アップルパン

パンもフライパンで作れます。
フライパンいっぱいに作るちぎりパンです。
焼いたりんごをはさんで、作りましょう！

中身は替えてもいいですね！

さあ、作りましょう！

材料

4人分

[粉類]
強力粉　　　300g
ドライイースト　6g
砂糖　30g　塩　6g
溶き卵 1/2個分　牛乳 150ml
無塩バター　20g

りんごバター炒め
りんご　　1個
バター　　大さじ1
砂糖　　　大さじ1

用具

フライパン（直径24cm）
ふた　ボウル（大・小）
はかり　計量カップ
計量スプーン
包丁　まな板
泡立て器　へら

作り方

フライパンにバターを中火で温め、薄く切ったりんご、砂糖の順に入れて炒め、取り出します。

ボウル（小）に卵を1/2個分入れてほぐし、牛乳を入れて混ぜます。

ボウル（大）に粉類を入れ、❷を入れ、へらで混ぜます。

ひとまとまりになったら、バターをちぎって入れ、手でこね、丸めます。

フライパンに❹を入れ、ふたをして、弱火で約1分温めます。火をとめて約2.5倍になるまで40〜50分おきます。

8等分に切って丸め、約10分おきます。

❻を手で薄く丸くのばし、❶をのせて包みます。

❼の閉じ目を下に並べ、ふたをして、弱火で約1分温め、火をとめて約2.5倍になるまで30〜40分おきます。

できあがり！

弱火で約15分焼きます。裏返して7〜8分焼きます。

For Kids!! 59

チョコクリスピー

マシュマロを溶かして、チョコクリスピーを混ぜるだけ！
白いところがなくなるまで混ぜたら、
熱いうちに形作りましょう！

🔍 さあ、作りましょう！

材料

4人分
- チョコクリスピー　60g
- マシュマロ　60g
- 無塩バター　25g

用具

- フライパン（直径24cm）
- はかり
- へら
- ハート形の型
- スプーン

作り方

1 フライパンを中火で温め、マシュマロ、バターを入れます。

2 へらで混ぜながら、マシュマロ、バターを溶かします。

3 チョコクリスピーを入れます。

4 弱火にし、へらで混ぜ合わせます。

5 マシュマロがすっかり溶けて、混ざるまで混ぜます。

6 あら熱が取れたら、半分はスプーンでハート型に薄く入れます。

7 残りは手で丸めます。そのまま冷まします。

アイデアラッピング

カリッとおいしくできます！

ジップロッククッキー

ジップロックの中で、材料を混ぜるだけ！
バターも体温で程よく溶けます。
普通のクッキーよりやらかいので
作るときには注意を。

さあ、作りましょう！

材料

4人分
- ホットケーキミックス　150g
- 砂糖　30g
- 溶き卵（M玉）　1/2個分
- 無塩バター　30g
- チョコレートペン　1本

用具
- フライパン（直径20cm）
- はかり
- ジップロック（Lサイズ）
- 麺棒　はさみ　へら
- ハート形の型
- 耐熱の器
- ラップ

下準備
バターは冷蔵庫から出しておきます。

作り方

1 ジップロックにバターを入れ、口を閉め、手でもむようにしてやわらかくします。

2 砂糖を入れます。

3 ホットケーキミックス、溶いた卵を入れ、口を閉めます。

4 ジップロックの上から、手でもむようにして混ぜます。

5 ひとまとまりになったら、平らにし、冷蔵庫で約1時間休ませます。

6 ジップロックの口を開け、上から麺棒で3mm厚さにのばします。

7 はさみで切って開き、ハートの型で抜き、フライパンに間隔をあけてのせます。

8 弱火で約7分焼き、裏返して約4分焼きます。

できあがり！

9 クッキーが冷めたら、チョコレートペンで絵を描きます。

For Kids!! 63

著者プロフィール
寺西 恵里子　てらにし えりこ

(株)サンリオに勤務し、子ども向けの商品の企画デザインを担当。退社後も"HAPPINESS FOR KIDS"をテーマに手芸、料理、工作を中心に手作りのある生活を幅広くプロデュース。その創作活動の場は、実用書、女性誌、子ども雑誌、テレビと多方面に広がり、手作りを提案する著作物は550冊を超え、ギネス申請中。

寺西恵里子の本
『子どもの手芸 楽しいかわいい ボンボン』『子どもの手芸 ワクワク楽しい アイロンビーズ』(小社刊)
『楽しいハロウィン コスチューム&グッズ』(辰巳出版)
『0・1・2歳のあそびと環境』(フレーベル館)
『365日子どもが夢中になるあそび』(祥伝社)
『3歳からのお手伝い』(河出書房新社)
『おしゃれ ベビーブルマ』(ブティック社)
『基本がいちばんよくわかる 刺しゅうのれんしゅう帳』(主婦の友社)
『はじめてでもかんたん! エコなリメイク 全4巻』(汐文社)
『30分でできる! かわいいうで編み&ゆび編み』(PHP研究所)
『チラシで作るバスケット』(NHK出版)
『かんたん手芸5 毛糸で作ろう』(小峰書店)
『ざっくり編みたいチャンキーニット』(主婦と生活社)
『ハンドメイドレクで元気! 手づくり雑貨』(朝日新聞出版)

撮影　　　奥谷仁
デザイン　ネクサスデザイン
作品制作　並木明子　野沢実千代　久保永利子
校閲　　　校正舎楷の木
企画・進行　鏑木香緒里

ひとりでできる！ For Kids!!
フライパンで作るはじめてのごはん
うれしい ジュ〜ジュ〜 デビュー！

平成29年10月1日 初版第1刷発行

著者●寺西 恵里子
発行者●穂谷 竹俊
発行所●株式会社 日東書院本社

〒160-0022 東京都新宿区新宿2丁目15番14号 辰巳ビル
TEL●03-5360-7522(代表)　FAX●03-5360-8951(販売部)
振替●00180-0-705733　URL●http://www.TG-NET.co.jp

印刷●大日本印刷株式会社　製本●株式会社セイコーバインダリー

本書の無断複写複製(コピー)は、著作権法上での例外を除き、著作者、出版社の権利侵害となります。
乱丁・落丁はお取り替えいたします。小社販売部までご連絡ください。
©Eriko Teranishi 2017, Printed in Japan　ISBN 978-4-528-02167-9　C2077